(NE)SLOMLJENA

Kako mi je tatina glazba pomogla u iscjeljenju

(NE)SLOMLJENA

Kako mi je tatina glazba pomogla u iscjeljenju

Uz ovu knjigu, objavljene su pjesme i audio knjiga dostupne na internetskoj stranici TatianaCameron.com/neslomljena/

Ova priča o gubitku, iscjeljenju i pronalaženju sebe nastala je iz albuma
Pjesme koje sam naučila od tate
snimljenog 2008. u Cincinnatiju i nikad objavljenog...

Sva prava su pridržana. Ni jedan dio ove knjige ne smije se reproducirati ni u kojem obliku bez pisanog dopuštenja autora. Jedina iznimka su kratki citati u svrhu kritika, medijskih članaka ili osvrta.

Za više informacija kontaktirajte: tajci.official@gmail.com

Cameron Productions
Franklin, TN 37069

www.TatianaCameron.com

Prijevod: Tatiana 'Tajči' Cameron
Lektura: Marijeta Matijaš

Fotografije: Will Jordan i Michael Wilson
Dizajn i ilustracija korica: Dante Cameron
Dizajn knjige: Michelle Langley i Uriah Peralta

Naslov izvornika: (un)Broken - Songs My Father Taught Me
Copyright © 2020 by Cameron Productions.

Prvo izdanje: svibanj, 2020.
ISBN: 978-1-7352586-4-5

Mojoj sestri Sanji,
i našoj sestri Tonki koja je,
iako dijelimo samo jednog roditelja
(našeg tatu),
'cijela' sestra a ne 'polusestra'.

Volim vas!

Mojim sinovima
Danteu, Evanu i Blaisu
koji su izgubili oca
(mog supruga)
kad su bili premladi
da iskuse emotivnu bol gubitka roditelja.

U tišini srca, uvijek možete čuti svog tatu kako
fućka onu dragu melodiju.

UPUTA ČITATELJU:

Tekstovi s datumima kopirani su iz mojih dnevnika.

Ostalo je napisano između 2010. i 2011. kad sam počela shvaćati da snimljene pjesme govore o slomljenosti i iscjeljenju.

U zapisu od 20. lipnja 2008. spominjem album pod nazivom *Time to Say Goodbye*. Tada se na tom albumu trebala naći i pjesma istog naziva Andree Bocellija i Celine Dion koju je moj tata želio sa mnom snimiti. Kad sam počela raditi na albumu, pjesma *Time to Say Goodbye* nije se uklapala s drugim naslovima pa sam promijenila i naslov albuma u *Pjesme koje sam naučila od tate*.

U zapisu od 3. srpnja 2008. citirala sam Paola Coelha, meni jednog od najdražih autora. Njegova knjiga *Alkemičar* prije puno godina označila je početak mojeg duhovnog buđenja. Dugo sam se bojala priznati da volim čitati njegove knjige jer u krugovima u kojima sam se kretala, sve što se smatralo *new ageom* nije bilo dobro prihvaćeno. Citat koji sam zapisala u svom dnevniku navješćuje buđenje za koje sam bila spremna.

Promijenila sam tekst u pjesmi *Help Me Make It Through the Night* za što mi je sada žao. Dugo nisam htjela pjevati tu pjesmu jer sam se bojala kritika i komentara moje crkvene publike.

Već se i iz ovih uputa naslućuju moj strah i nesigurnost.

SADRŽAJ

13 ... Prolog
15 ... Tišina
35 ... Glazba
37 ... Help Me Make It Through the Night
41 ... Buona Sera
44 ... Blueberry Hill
46 ... Les Fueilles Mortes (Autumn Leaves)
49 ... Those Were the Days
53 ... What a Wonderful World
57 ... New York, New York
60 ... Lights of Cincinnati
64 ... Cabaret
69 ... Crying Time
76 ... The Deer Hunter—Tema
79 ... Desetljeće kasnije
85 ... Pogovor

Prolog

Dvije godine nakon smrti mog oca, dogovorila sam snimanje albuma s Ricom Hordinskim, producentom kojeg je bilo teško dobiti.

Bila je 2008., a ja sam se još uvijek oporavljala od ozbiljne depresije i anksioznosti. Moja obitelj i naš obiteljski posao ovisili su o glazbi – o koncertima, turnejama i mojoj kreativnoj sposobnosti da stvorim nove projekte.

Ovo je priča o onome što se dogodi kada i slomljeni ne posustajemo. I o tome kako nam glazba može pomoći u teškim trenucima.

Pjesme koje smo snimili nisam tada objavila. Nezadovoljna masterom albuma, pokušala sam ih 'popraviti' s nekoliko drugih vrlo uspješnih producenata. Svaki put bih odustala. Cijeli projekt mi se činio ružnim i nepopravljivim.

A onda, 8. rujna 2016., nešto je uzrokovalo pomak u mojoj perspektivi i pokazalo mi ljepotu ovog albuma i priče. Kad sam ju napokon uvidjela, emotivna bol koju sam držala u sebi i strah od toga da budem tko jesam, počeli su se iscjeljivati.

Nadam se da će i vama, dragi čitatelju ili draga čitateljice, ova priča i album donijeti olakšanje. Nadam se da će i vas ohrabriti da prihvatite ljepotu svoje (ne)slomljenosti. Hvala!

- Nashville, Tennessee, 8. rujna 2019.

Tišina

Na početku nije bilo ničega.

Čak ni inspiracije.

Bila sam slomljena
previše puta.

Ovog puta emotivni krah
ostavio me zbunjenom
i ispunjenom samo
ogromnom tjeskobom.

Studio sam rezervirala dovoljno
unaprijed.

Imala sam dovoljno vremena
napisati nove pjesme.

Znala sam da moram nešto stvoriti.

Ali mi glazba nije dolazila.

Čekajući glazbu. *Fender Telecaster u studiju Monastery, Cincinnati, OH 2008.*

Svibanj 2008.

Moja psihoterapeutkinja Cheryl rekla je da bi se neki ljudi u mojoj situaciji pokrili poplunom po glavi i sakrili.

Neki bi došli k njoj i tražili lijek da umrtve bol, bez pokušaja da ju iscijele.

Neki bi potražili olakšanje u alkoholu ili travi.

Neki bi došli k njoj da se suoče s uzrokom boli i pronađu izlaz.

*Traženje izlaza,
Kula u Mostaru, BiH, 2018.*

Prije je bilo lakše.

Kad bi svijet oko mene počeo biti
pretežak ili previše kaotičan,
ili kad bi se problemi i neredi
skupili u hrpu tako visoku
da sam se počela gušiti u njoj,

spakirala bih se i otišla.

Preko oceana –
žudeći da pobjegnem od
svega što sam znala
i od svega što sam bila postala.

(Kad sam ostavila Hrvatsku i došla u SAD.)

Grad koji nikad ne spava.
New York, NY

Na drugu stranu kontinenta,
zamjenjujući svjetla grada
koji nikad ne spava,
zemljom snova i
neprestanih ljeta.

(Kad sam se preselila iz New Yorka u Los Angeles.)

Kad bih pobjegla na plažu,
sjedila na pijesku
i gledala valove

i nepreglednu plavu pučinu
koja krije kompleksnost
života ispod površine.

Udahnula bih polako, sredila misli
i utišala glasove koji bi vrištali u mojoj glavi.

Nepregledna plava pučina koja krije kompleksnost života ispod površine.
Hrvatska, 2018.

Prije je bilo lakše.

Kad bih s lakoćom
napravila promjenu,
započinjala iznova,
kad me ništa nije sputavalo.

Kad sam bila vođena glasom
koji je, iako tih, meni bio jasan i
netaknut tuđim mišljenjima.

Sad je sve drukčije.

Potreba da otiđem još uvijek je jednako jaka.

Potreba za stvaranjem i povezivanjem gomila se u meni.

Čini se kao hrpa prašine koju pospremam pod tepih,
da bih se 'jednog dana', kad stignem,
njome pozabavila.

Jer nerede i bučne glasove,
koji su sada dio mog života,
volim više od
dubokog mira,
savršenog reda i uredne ljepote.

Ti neredi i glasovi
su oni
koje ne želim ostaviti iza sebe,
pospremiti
ili utišati.

Više nisam samo jedna osoba.

Pakiranje i
odlazak
zahtijevaju puno veće vozilo.

Moja tri sina:
Dante, Evan i Blais.
Na turneji po Americi, 2007.

20. lipnja 2008.

Odjenula sam bijele hlače, Steward Weitzman cipele s visokim potpeticama, crnu majicu, kratku vestu iz Gapa i stavila sam crnu ogrlicu. Kosu sam počešljala u malu punđu. Osjećala sam se odlično kad sam ušla u čekaonicu – ispada da uvijek kad idem na razgovor sa Cheryl dobro se uredim. Možda ne želim izgledati ružno kad već razgovaramo o ružnim dijelovima mog života...

Počela sam opisom zadnja dva tjedna i pritiska koji je rastao jer sam se trebala pripremiti za snimanje albuma, a nisam imala ni jednu pjesmu spremnu. Rekla sam joj da sam otišla u Ikeu i kupila namještaj za mali kućni studio (u kojem sam trebala pripremiti demo pjesme za snimanje). Ispričala sam joj da sam slagala kutije CD-ova i nota i znala da tratim vrijeme u kojem sam zapravo trebala pisati pjesme, kad sam pronašla CD koji mi je tata bio poslao, stavila ga u CD player i slušala temu iz filma Lovac na jelene.

Ta pjesma pomogla mi je da se sjetim kako mog tatu nikad nije bilo briga za kritičare ili komercijalni uspjeh glazbe koju je svirao. Njegova iskrena ljubav prema pjesmama koje je izvodio stvorila je prekrasne trenutke u životima tisuća ljudi. To mu je bilo važno. Za to je živio.

Prelistavajući tatinu staru pjesmaricu, s akordima i fonetički ispisanim tekstovima, postalo mi je jasno da neću niti pokušati napisati nešto novo.

Umjesto originala, odlučila sam snimiti album Time to Say Goodbye sa svim pjesmama koje sam naučila od tate – ili koje smo zajedno pjevali – one kvalitetne i one kuruzne.

Cheryl je rekla da je izuzetno dobro što sam pronašla put prema mjestu gdje se krila inspiracija. Podsjetila me da sam došla k njoj zaglavljena u boli, a da sam onda samu sebe povela na put prema mjestu koje me čekalo poput doma – mjesto odakle sam došla, gdje je sve počelo, mjesto gdje sam se osjećala potpuno sigurno i utješeno.

Mjesto gdje sam prvi put bila podučena i ohrabrena da raširim krila i sanjam velike i hrabre snove. To je bilo divno mjesto gdje ću ponovno pronaći sebe i svoju kreativnost.

Akordi. Fender Rhodes klavijature u studiju Monastery, Cincinnati, OH, 2008.

U potrazi za inspiracijom
da napišem pjesmu,
pronašla sam dragu tatinu glazbu.

To sam željela napraviti
već jako dugo.

Puno prije nego što se moj tata razbolio.

Ali tada sam se bojala.

Pjesme nisu odgovarale
mojoj publici.
Bojala sam se kritika.
Sada sam željela
da ne marim za to.

25. lipnja 2008.

Napravit ću to onako kako bi on to napravio.
Ne za kritičare
ili za komercijalni uspjeh.
Samo zato što je to dobra glazba
i zato što će mi vratiti osmijeh na lice,
i što ću plesati,
i ponovno se osjećati slobodnom.

Glazba

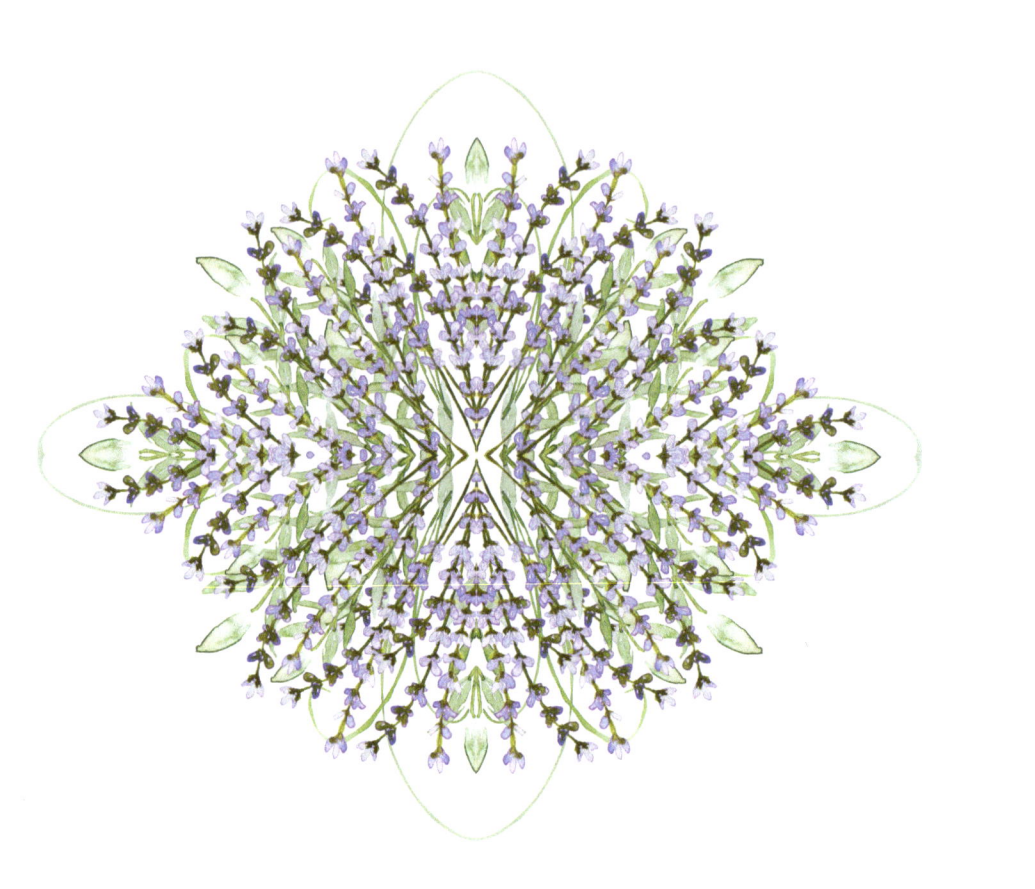

Help Me Make It Through the Night

(Autora Krisa Kristoffersona, objavljeno 1970.)

Help me make it bila je jedna od prvih pjesama koju sam pjevala s tatinim bendom. Tada mi je bilo oko petnaest godina. 'Skinula' sam riječi sa snimke u izvedbi Gladys Knight bez dubljeg razumijevanja o čemu pjesma zapravo govori. Voljela sam ovu melodiju i emociju koju je u meni izazvala.

Kada sam bolje naučila engleski i shvatila dublje značenje, malo sam se sramila, ali nisam je zbog toga prestala pjevati.

Netko mi je rekao da ne bih trebala pjevati tu pjesmu jer je 'loša' i neprimjerena. Poslušala sam savjet i maknula pjesmu iz svog repertoara.

Nikako nisam mogla snimiti ovaj album a da ne uvrstim *Help me make it* na popis pjesama.

Zatvorila sam vrata vokalnog studija i stavila slušalice na glavu.

Glazba je počela.

Ja sam pjevala. A onda su došle riječi.

*Come and lay down by my side
till the early morning light
all I'm taking is your time
help me make it through the night.*

*Dođi i legni pokraj mene
ostani do jutarnjih sati
tvoje vrijeme je sve što tražim
pomogni mi preživjeti noć.*

— *Kris Kristofferson*

Pomislila sam na tatu koji ispunjen strahom leži na jadnom metalnom bolničkom krevetu.

Sve što je želio od mene je da ostanem s njim, dok noć boli i straha ne prođe. Sjediti u miru i tišini.

Yesterday is dead and gone
and tomorrow's out of sight
it's so sad to be alone
help me make it through the night.

Jučerašnji dan je gotov,
sutrašnji je izvan vidokruga
tužno je biti sam
pomogni mi da preživim noć.

— *Kris Kristofferson*

Pjevačica u tatinom bendu.
Rab, Hrvatska, 1986.

Buona Sera

(Autora Carla Sigmana i Petera De Rosea,
snimljeno 1950. u izvedbi Louisa Prime.)

Ljetne večere provodili smo slušajući tatin bend i plešući. Voljela sam slušati kako glazba putuje preko male marine, odbija se o kamene kuće starog priobalnog grada i vraća se k nama.

Djeca, tinejdžeri, mladi i stari, svi smo se lijepo odjenuli i dugo u noć vrtjeli se u ljetnim haljinama i lanenim odijelima... smijući se, oznojeni, stali bismo samo nakratko u pauzama među pjesmama da se okrijepimo gutljajem domaće bevande ili gemišta.

Nitko se nije žalio da im djeca smetaju.

Uvijek sam mislila da bi ova pjesma odgovarala onima koji promoviraju apstinenciju.

Provela sam previše godina osjećajući ogroman sram zbog svoje „burne" prošlosti. Čekala sam nečiju dozvolu da prestanem samu sebe osuđivati i kažnjavati. Snimajući ovu pjesmu, konačno sam sama sebi dopustila da se opustim, dam tijelu da pleše i miče se bez srama.

By that little jewelry shop we'll stop and linger,
while you buy a wedding ring for my finger.
In the meantime let me tell you that I love you
Buona sera signorina kiss me goodnight...

Zaustavit ćemo se kraj izloga zlatarnice i tamo stajati,
sve dok mi ne kupiš vjenčani prsten.
U međuvremenu, dopusti mi da ti kažem da te volim
Buona sera signorina, poljubi me za laku noć...

— Carl Sigman

Ples
Korčula, Hrvatska, 2018.

Blueberry Hill

(Autora Vincenta Rosea, Larryja Stocka i Ala Lewisa, objavljeno 1956.,
i poznato po snimci glazbenika Fatsa Dominoa.)

Pjesmu *Blueberry Hill* pronašla sam u tatinom starom rokovniku u kojem je počeo bilježiti tekstove pjesama u svojim ranim dvadesetima.

Keenan West i David Griffin došli su snimati prateće vokale.

Keenan je mladić čiji su me ljubaznost, pažnja i talent podsjetili na mog tatu. Kao da nije bilo razlike među njima. A dijelila ih je boja kože, sasvim drukčija kultura, vrijeme i lokacija u kojoj su rasli.

Kad su Keenan i Griff počeli pjevati, njihovi baršunasti glasovi puni duše i srca, vratili su me doma – ne u Hrvatsku, nego u 'dom' koji nije definiran mjestom ili vremenom.

Podsjetila sam se da nas ne definira boja kože, jer ispod nje, prema riječima Maye Angelou, više sličimo jedni drugome nego što se razlikujemo... Ta pomisao donosila mi je spokoj i mir.

Now that we're apart,
you're part of me still
for you were my thrill
on Blueberry Hill.

Iako smo razdvojeni,
ti si još uvijek dio mene
jer bila si moja avantura
na Blueberry Hillu.

— *Larry Stock i Al Lewis*

Les Fueilles Mortes (Autumn Leaves)

(Autora Josepha Kosme i Jacquesa Préverta, snimljeno 1945.)

Poeziju je najljepše čitati na jeziku na kojem je napisana.

Ja volim osjetiti poeziju... nijanse i detalje svake riječi – i udubiti se u stihove kao što su ovi:

Toi qui m'aimais
Moi qui t'aimais.

Svirala sam dionicu na harmonici i uživala u instrukcijama prijateljice iz Francuske koja me učila kako izgovoriti riječi pjesme.

Jesenje lišće
Svake godine, bilo gdje.

Moj tata je preminuo 8. rujna 2006.

Prvo lišće koje se promijeni
u crvene i zlatne boje svake jeseni donese mi ovu pjesmu.

I sa svakim listom, kao i sa svakom riječi i notom,
dopuštam duši da prodre
malo dublje
u bol,
u ljubav,
u iscjeljenje.

Those Were the Days

(Autora Borisa Fomina i Genea Raskina, objavljeno 1968.)

Kad smo počeli raditi na konceptima za aranžman ove pjesme, osjetila sam tremu.

Oduvijek sam voljela pjevati ovu pjesmu na zabavama i *jazz* gažama. Uvijek podigne ljude na noge, otvori im srca i glasove.

Odlična je pjesma za nastupe uživo.

Ali objaviti je na albumu i snimiti je tako da bude zanimljiva i moderna velik je izazov.

Očito, producent Ric Hordinski nije mislio tako.

Ric je odsvirao gitarski solo kao što bi ga moj tata odsvirao.

Jednostavno i s puno osjećaja.

A Tony Miracle je pjesmu posipao čarobnim prahom svoje elektronske glazbe.

Jako volim ovu pjesmu.

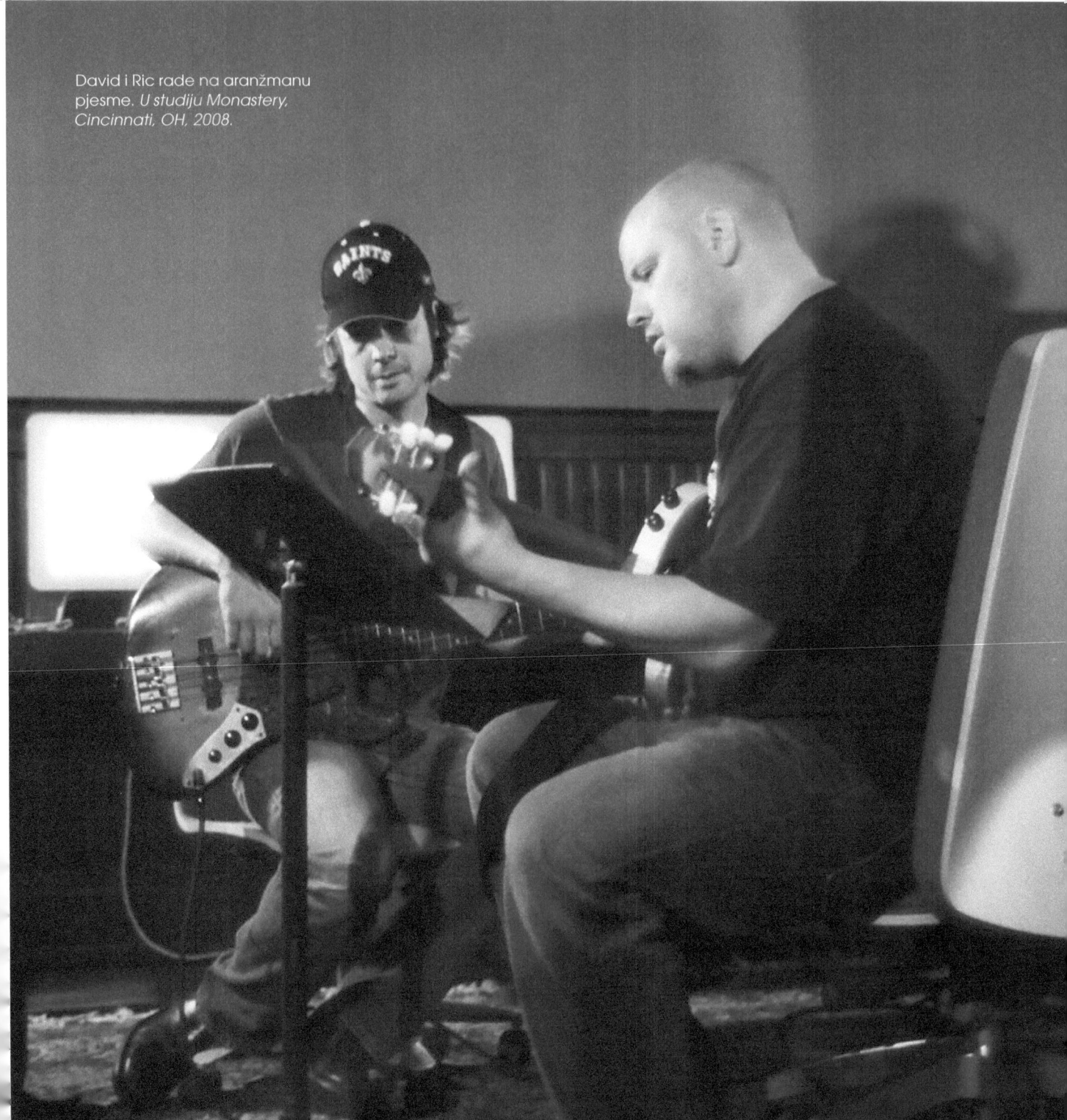

David i Ric rade na aranžmanu pjesme. *U studiju Monastery, Cincinnati, OH, 2008.*

Those were the days my friend,
we thought they'd never end
we'd sing and dance
forever and a day
we'd a life we chose
we'd fight and never lose
for we were young
and sure to have our way.

To su bili dani, prijatelju moj,
mislili smo da nikad neće proći.
Pjevali bismo i plesali
zauvijek i još jedan dan
Živjeli bismo život koji bismo sami izabrali,
borili se i nikad ne bismo izgubili,
jer smo bili mladi i
uvjereni da će sve biti kako treba.

— *Gene Raskin*

What a Wonderful World

(Autora Boba Thielea i Georgea Davida Weissa, objavljeno 1967.)

Ovu pjesmu je moj tata najviše volio.

Počeo ju je pjevati tek u kasnijim godinama života. Vrh nosa bi mu se zacrvenio i oči bi dobile malo dublji sjaj. Po tome sam znala da mu se tada srce ispunilo emocijama o kojima inače nije mogao govoriti.

Kad bih mogla vratiti vrijeme, snimila bih duet s njim. Žao mi je da nikad nisam za to našla vremena.

Vokal sam snimila u jednom pokušaju.

Zamislila sam kako hodam ovim podijeljenim svijetom, koji nas tako često želi uvjeriti da je sve... crno i bijelo...

držeći u ruci kišobran u najsjajnijim duginim bojama, pjevajući 'na-na-na-na', s velikim osmijehom na licu, a ne u suzama jer se ne uklapam u dosadne šablone.

*The colors of the rainbow
so pretty in the sky
are also on the faces
of people passing by.*

*I see friends shaking hands
saying 'How do you do?'
they're really saying
'I love you.'*

Dugine boje
tako divne na nebu
na licima su
ljudi koji prolaze.

Vidim prijatelje kako se rukuju
govoreći: 'Kako si?'
a zapravo jedan drugome kazuju
'volim te.'

— *Bob Thiele i George David Weiss*

Moj tata Stanko.
Los Angeles, CA, 2003.

New York, New York

(Autora Freda Ebba i Johna Kandera, objavljeno 1978.)

Napustila sam dom i doselila se u New York. Bilo je čudno kako sam se u gradu koji nikad ne spava odmah osjećala kao da sam doma. Zaljubila sam se u Broadway, u glazbu i snove koji se tamo svakodnevno ispunjavaju.

Moj je tata bio ponosan na mene što sam imala snage otići i bila odvažna u tome. Znao je da sam slijedila svoje srce.

Kad bih se vratila u posjet roditeljima, tata bi me pozvao na svoje gaže i molio me da pjevam *New York, New York*.

To je bio njegov način kako da me podrži i podsjeti na moj san, pogotovo onda kad bih počela gubiti nadu.

*My little town blues
are melting away
I'll make a brand new start of it
in old New York.*

*If I can make it there
I'll make it anywhere
it's up to you
New York, New York.*

*Sav blues mog malog grada
topi se
počet ću nov život
u starom New Yorku.*

*Ako uspijem tamo,
uspjet ću svugdje
odluka je tvoja
New York, New York*

— *Fred Ebb*

Joe Gaudio svirao je ovu skladbu na bariton saksofonu.

Stigao je u studio rano, kao što puno ljudi njegovih godina urani.

Rekao nam je da mu je osamdeset i pet godina, ali to su mogle biti njegove 'umjetničke' godine.

Ispričao nam je kako mu je najdraža gaža bila u klubu u Convingtonu u državi Kentucky gdje je u vrijeme Drugog svjetskog rata, prije nego što je otišao u vojsku, nastupao s Big bendom kao pratnja striptizetama.

Pitali smo ga jesu li ga striptizete omele u sviranju. Nasmijao se i rekao: „Ma kakvi! Bend je bio izvrstan i imali smo priliku svirati vrhunsku glazbu u dobrim aranžmanima!"

Obradovala me njegova iskrenost i ne osuđujući stav. Pravo osvježenje!

Lights of Cincinnati

(Autora Tonyja Macaulaya i Geoffa Stephensa, objavljeno 1969.)

Nisam se željela preseliti u Cincinnati iz Los Angelesa.

Tata je pronašao moju novu kuću na Googleovoj karti.

Rekao mi je da ću živjeti samo jedan blok od poznate Ludlow Garage. Ja nisam znala za nju, ali on je znao o Ludlow garaži s ploča i nastupa koji su se tamo održavali šezdesetih godina.

Moj tata je bio tonski majstor na Radio Zagrebu i volio je tijekom noćnih službi proučavati svaki detalj na koricama albuma.

Kad je obolio, došla sam provesti tri mjeseca s njim.

Čim sam ušla u bolničku sobu, rekao je:

„*Lights of Cincinnati*, Scott Walker.
Moraš pjevati tu pjesmu."

Noćna služba na Radio Zagrebu.
Hrvatska, 2003.

Cincinnati je bio težak grad za mene, ali ljudi poput Stevea Schmidta (koji je snimio sve klavijature na ovom albumu) bili su moja Svjetla Cincinnatija *(Lights of Cincinnati)*. Na tome ću uvijek biti zahvalna.

Sometimes late at night
I watch the firelight
make pictures of a life that used to be.

For a moment I'm back there
in that same old rocking chair
you look across the room and smile at me.

Ponekad kasno noću
gledam u sjaj vatre u kaminu
kako stvara slike prošlog vremena.

Na trenutak opet sam tamo
u istoj stolici za ljuljanje
gledaš preko sobe i osmjehuješ mi se.

— *Tony Macaulay i Geoff Stephens*

Steve Schmidt.
Studio Monastery,
Cincinnati, OH, 2008.

Cabaret
(Autora Johna Kandera i Freda Ebba, objavljeno 1972.)

Godinama sam se skrivala iza fasada za koje sam mislila da su puno prihvatljivije od osobe koja sam zapravo bila.

Vidjela sam Lizu Minnelli na koncertu u Radio City Music Hallu samo nekoliko tjedana nakon što sam stigla u New York. Kad je pjevala pjesmu posvećenu svom tati koji je preminuo, plakala sam i jecala tako glasno da su me vratari došli pitati treba li mi pomoć.

Trebalo mi je puno vremena, puno suza i jecaja kroz pjesme koje sam naučila od tate do trenutka kada sam napokon čula njihovu poruku i prihvatila utjehu koju su mi nosile:

„Budi svoja. Savršena si baš takva kakva jesi. Volim te."

Nastup na Danu dječje radosti.
Zagreb, Hrvatska, 1976.

*No use permitting some prophet of doom
to wipe every smile away.
Life is a cabaret old chum
come to the cabaret.*

*Nema smisla dopustiti nekom proroku zle sudbine
da nam obriše svaki osmijeh.
Život je kabaret, prijatelju stari,
dođi u kabaret.*

— Fred Ebb

Osmijeh
U studiju *Monastery*,
Cincinnati, OH, 2008.

Bol postoji da bi nas podsjetila
koliko volimo
i koliko smo voljeni.

Crying Time
(Autora Bucka Owensa, objavljeno 1966.)

Jedini način da preživimo bol je da prođemo kroz nju.

I u redu je ako vrijeme plakanja potraje godinama.

Ljubav nije nešto što možemo uredno posložiti u svoje rasporede i kalendare pa tako nisu ni žalost ni bol.

Ne biramo kada ćemo morati reći svoje zbogom.

I ne postoji formula ili recept koji bi svima na jednak način donijeli iscjeljenje.

*Oh it's crying time again
you're gonna leave me.
I can see that far away look in your eyes.
I can tell by the way you hold me darlin'
that it won't be long before it's crying time.*

*Oh, ponovno je došlo vrijeme plakanja
znam ostavit ćeš me.
Vidim taj pogled u tvojim očima
osjećam to u tvom zagrljaju
da uskoro stiže vrijeme plakanja.*

— *Buck Owens*

3. srpnja 2008.

Rekla sam Cheryl što mislim o slobodi i o silnim pravilima i očekivanjima koje si ljudi postavljaju pa njihovim prestrogim pridržavanjem postaju 'umrtvljeni'.

Takva je ograničenja nazvala 'zatvorima' i rekla je da ih ljudi vole jer se u njima osjećaju zaštićeno i udobno.

Slično je i Paolo Coelho zapisao: „Žive živote po šablonama, ali jesu li zaista živi?"

Moj tata je nabolje komunicirao kroz glazbu. *Hrvatska, 1990.*

Je li mi tata ovim albumom
želio dati 'odskočnu dasku'
kako bih prešla u
nešto novo?

Toliko toga želim reći...

Tu smo bili Ric, Josh, Steve, David i ja.

Stvarali smo glazbu u staroj preuređenoj crkvi s orijentalnim tepisima prostranima po stogodišnjem parketu. S vitražima izvana pokrivenima šperpločama kako bi izolirale buku susjedstva.

Čarobno. Sveto.

Mirisi, zagasito svjetlo, glasni zvučnici, prsti koji pritišću žice, ruke koje udaraju po opnama bubnjeva palicama od bambusa, zglobovi koji se elegantno kreću preko tipki orgulja, dah koji pokreće membranu mikrofona vibracijom, glasom, pričom.

Nisam to tada znala, ali sve je bilo baš onako kako je trebalo biti. Tvrdo i šturo na rubovima, bez osebujnih violina i dugačkih jeka. Nedotjerano, slomljeno, sirovo. Stvarno.

Čarobno. Sveto.
*U studiju Monastery,
Cincinnati, OH, 2008.*

The Deer Hunter —Tema

(Autora Stanleya Myersa, objavljeno 1978.)

Ovo je bila prva tema koju me tata naučio svirati na klaviru.

Uvijek je započinjao gaže ovom pjesmom.

Često ju je vježbao na kauču u dnevnoj sobi.

Isprva bila sam jako nesretna ovom snimkom. Mislila sam da smo negdje pogriješili i da je zato pjesma ispala loše.

Mislila sam da je cijeli album pogreška.

Trebalo mi je osam godina da shvatim da pogreška nije bila u glazbi, nego u mojoj tvrdoglavosti da prihvatim svoju slomljenost i vidim ljepotu i u njoj.

Nakon svih tih godina, još sam uvijek u sebi nosila toliko srama i osjećaja krivnje da nisam mogla vidjeti ljepotu onoga što smo uspjeli stvoriti u ta dva tjedna… u periodu kad mi je bilo jako, jako teško.

Desetljeće kasnije

Bol nikad ne prestaje, samo se mijenja.

Kao i uvijek, na godišnjicu tatine smrti, slušam naše pjesme. Ponekad potiho zapjevam i osluškujem ne bih li čula njegov glas.

Te godine odlučila sam potražiti snimku teme iz filma *Lovac na jelene* s albuma *Pjesme koje sam naučila od tate* – albuma koji nikad nisam objavila.

Pamtila sam snimku po tome da je ružna. Nedovršena i ostavljena. Odbijena. Necijenjena i nevoljena. Proglašena bezvrijednom.

Sinovi su bili u školi, a ja sama u svom kućnom uredu. Pritisnula sam tipku *play*.

Snimka je bila prelijepa.

Svaka dionica – klavijature, bubnjevi, gitara... sve je bilo prelijepo i divno.

Prepustila sam se osjećaju koji me preuzeo. Zatvorila sam oči i širom ispružila ruke.

„Zapleši sa mnom, tata", šapnula sam.

I tako, sasvim polako, plesali smo moj tata i ja.

„Hvala ti. Volim te!", rekla sam a da nisam pustila ton. I s tom misli, osjetila sam olakšanje.

Strah da će me netko kritizirati, odbaciti ili osramotiti kao da se odlijepio od mojih grudi. Neopraštanje koje je hranilo moju nesigurnost popucalo je i tamo gdje sam prije vidjela ružnoću, sada sam otkrila ljepotu.

Umjesto slomljenosti i srama, vidjela sam cjelovitost i milost. Ljubav je za to zaslužna.

Da, trebalo mi je puno vremena, ali bolje ikad nego nikad.

Darujem vam moj najbolji uradak do sada:
Iskren. Neobrađen. Divan.

Franklin, Tennessee, 8. rujna 2016.

Iskren. Neobraden. Divan.
Hrvatska, 2018.

Svirači

Glazbenici koji su radili na ovom albumu, izvrsni su umjetnici. Potražite njihove radove i opširnije biografije na internetu.

Ric Hordinski:
producent, aranžer, gitare
svirao je na turneji s Philom Keagyjem, aranžirao i producirao za
Blue Note Artists

Steve Schmidt:
hammond organ
vrhunski *jazz* glazbenik iz Cincinnatija

Josh Seurkamp:
bubnjevi, udaraljke
putovao je Indijom kako bi se borio protiv prisilne prostitucije

David Labruyere:
bas
svirao je deset godina s prijateljem Johnom Mayerom

Greg Winters:
truba / pridružio nam se odmah nakon angažmana na *showu American Idol*, svirao u *showu Ray Charles*

Randy Willars:
alto saksofon / svirao je u orkestru brodvejskih mjuzikala kao što su *Annie, Victor/Victoria, 42nd Street* i *It's a Wonderful Life*

Joe Gaudio:
bariton saksofon / svirao je u Big Bandu u striptiz klubu u Covingtonu, Kentucky, prije službe u američkoj vojsci 1942.

Tony Miracle:
midi / glazbenik/producent/kompozitor, jedna trećina grupe Venus Hum, svirao je s Blue Men grupom

Keenan West:
prateći vokali / nosi besprijekorno ispeglane košulje s manžetama, zalaže se protiv nasilničkog ponašanja u školama

David Griffin:
prateći vokali / smije se jako glasno i pjeva s puno duše

Erwin Musper:
mixing / radio je sa svim popularnim rock bendovima 80-ih, živi u Ekvadoru i pomaže u dječjem sirotištu

Pogovor

Ovu sam knjigu složila i obradila u zimi 2016. Planirala sam ju objaviti početkom 2017.

Na Valentinovo 2017. moj suprug i partner Matthew Shane Cameron obolio je od četvrtog stadija nepušačkog karcinoma pluća i preminuo devet mjeseci nakon toga.

Bilo je neobično da sam samo nekoliko mjeseci prije toga doživjela svojevrsno emotivno zaključenje smrti mog oca i prihvatila ljepotu slomljenosti koju sam godinama skrivala.

Taj događaj dao mi je novu snagu za koju nisam znala da će mi trebati u mjesecima koji su bili ispred mene.

. . .

Nadam se da će ova knjiga i pjesme jednog dana pomoći i mojim sinovima Danteu, Evanu i Blaisu. Nadam se da će i oni pronaći snagu u svemu što je njihov otac ostavio iza sebe – uključujući uspomenu na Matthewa koji fućka svoju omiljenu melodiju, za volanom, vozeći nas na tisuće koncerata, uvijek pun smjelosti i spremnosti da nađe neke nove avanturističke putove.

Ovom knjigom ujedno zahvaljujem mojoj majci Štefici Matejaš koja je bila tatin najveći obožavatelj i podrška. Voljela sam ju gledati kako pleše uz tatinu glazbu, kako pušta suze kad bi ju neka pjesma posebno dotakla, a najviše od svega, kad je držala našu obitelj na okupu čak i onda kad joj je cijeli svijet govorio da ju pusti da se raspadne.

Moja majka je moja stijena. Bila je to cijeli moj život. Kad nisam vjerovala u sebe, ona je vjerovala za mene. Kad nisam imala snage da idem dalje, ona je imala pravu riječ ili dvije da mi ju vrati. Kad sam se osjećala potpuno slomljenom, ona bi me podsjetila da sam se rodila čitava i da mi nitko tu čitavost ne može oduzeti.

Moja majka ima velik ožiljak od opekline na desnoj ruci. Lijevu je polomila u automobilskoj nesreći i zadobila još ožiljaka i nepokretnost. Ali uvijek je nosila tu izvana vidljivu slomljenost bez srama. Nikad ju rane nisu spriječile da bude iscjelitelj, njegovateljica, izvor ljubavi i sigurnosti svojoj djeci, unucima i bezbrojnim prijateljima.

Koliko je tata utjecao na moju glazbu, toliko joj je ona dala prostora da se razvije, vibrira i iscjeljuje.

Uz duboku zahvalnost, nadam se da će ova knjiga pomoći nama s ožiljcima da obnovimo smjelost i nov osjećaj **NE**slomljivosti.

Izvori

Glazba:

Help Me Make It Through the Night
Kris Kristofferson

Buona Sera
Carl Sigman i Peter De Rose

Blueberry Hill
Vincent Rose, Larry Stock i Al Lewis

Les Fueilles Mortes (Autumn Leaves)
Joseph Kosma i Jacques Prévert

Those Were the Days
Boris Fomin i Gene Raskin

What a Wonderful World
Bob Thiele i George David Weiss

New York, New York
Fred Ebb i John Kander

Lights of Cincinnati
Tony Macaulay i Geoff Stephens

Cabaret
John Kander i Fred Ebb

Crying Time
Buck Owens

The Deer Hunter — Tema
Stanley Myers

Fotografije:

Will Jordan
stranice: 19, 24, 43, 52, 81, 90

Michael Wilson
stranice: 17, 30, 50, 63, 67, 75, 82

Personal Archives
stranice: 27, 40, 56, 61, 65, 72

Adobe Stock
stranice: 21, 47

Dizajn:

Ilustracija korica
Dante Cameron

Dizajn knjige
Michelle Langley i Uriah Peralta

Tatiana "Tajči" Cameron nagrađivana je glazbena umjetnica, kantautorica, autorica i *life coach*. Rođena je u Zagrebu 1970. gdje je s devetnaest godina dosegla status mega pop zvijezde. Dvije godine kasnije, Tajči je upisala studij mjuzikla u New Yorku, gdje je, uz umjetnost i glazbu oslobađala strahove, osjećaj srama, krivnje i nesigurnosti u sebe. Njezin put do oporavka trajao je dvadeset i pet godina tijekom kojih nikad nije prestala pjevati i inspirirati publiku da nikad ne gubi nadu i da teži iscjeljenju.

Tajči je objavila osam albuma, vodila je tri sezone TV serije Waking Up in America i objavila multimedijske knjige: *25 Gifts for Christmas, George, Turning Points* i *Be the Rock Star of Transformation*.

Živi u Nashvilleu, državi Tennessee, s trojicom sinova.

TatianaCameron.com

© 2020 Cameron Productions

www.ingramcontent.com/pod-product-compliance
Lightning Source LLC
Chambersburg PA
CBHW042253100526
44587CB00003B/120